BIOGRAPHIE

DU

CARDINAL PÉRAUD

ÉVÊQUE DE SAINTES

Par Louis-André BERTRAND

Curé de Champagnac.

LA ROCHELLE

IMPRIMERIE ROCHELAISE. P. DUBOIS, IMP.

1887

RAYMOND PÉRAUD

DIT CARDINAL DE GURCK

NÉ A SAINT-GERMAIN-DE-MARENCENNES EN 1435,

Prieur de Saint-Gilles de Surgères,
Chanoine de Saintes et de Poitiers, — Archidiacre d'Aunis,
Ambassadeur de France à Rome,
Nonce apostolique,
Évêque de Gurck en Carinthie,
Cardinal-prêtre du titre de Sainte-Marie-la-Neuve,
Évêque de Saintes (non résident),
Légat du Saint-Siège pour le patrimoine de Saint-Pierre,

MORT A VITERBE EN 1505.

AVANT-PROPOS

Les historiens qui, depuis quatre siècles, ont parlé de Péraud, se sont tous bornés à citer des particularités de sa vie. Aucun n'en a présenté un ensemble satisfaisant. C'était à faire. Notes et documents ont été recueillis pour cela à Saintes, La Rochelle, Bordeaux, Paris, Viterbe, Rome.

Afin de rapporter avec avantage les paroles et actions de Péraud, et relier ensemble certains détails de sa vie privée et publique, il a fallu, parfois, mentionner les événements auxquels il fut mêlé. Comme bien d'autres hommes illustres, il ne sera jamais parfaitement connu. Cependant, ce que l'on sait de lui suffit pour établir qu'il n'aurait pu, sans un mérite réel, arriver aux plus hautes dignités de l'Église et du monde, surtout dans un temps où l'on vit briller de côté et d'autre des talents de toutes sortes, ainsi que le prouve l'aperçu historique qu'on va lire.

Quoique le sujet ne soit pas épuisé, l'auteur s'en tiendra à cette esquisse, qui lui suffit pour atteindre le but qu'il s'est proposé : celui de rappeler à son pays une glorieuse mémoire et de laisser à ses parents et amis un souvenir de sa cordiale affection. Un éminent professeur a trouvé le manuscrit très intéressant : il l'aurait lu « tout d'une haleine. »

PRÉLIMINAIRES

—

LE TEMPS DE PÉRAUD

L'histoire nous présente peu d'époques plus fertiles en hommes et en faits remarquables que celle où vécut Raymond Péraud (1435-1505). Il y a de sensibles progrès chez la plupart des nations de l'Europe (1).

A la chute de Constantinople (2), des savants viennent, avec d'anciens manuscrits, se joindre aux savants des pays latins : ainsi, le cardinal Bessarion, Théodore Gaza, Chalcondyle, Constantin Lascaris. L'Italie, déjà heureusement partagée pour les lettres, les sciences, les arts, aura l'avantage de recevoir ces fameux personnages. Les lettres sont encouragées par la Maison d'Este (3),

(1) Sous ce rapport, la France parut avec avantage après que les Anglais eurent été expulsés de la Guyenne (1453).

(2) Le courage héroïque de Constantin Paléologue ne put tenir devant l'innombrable armée des Turcs. Il succomba (1453). Date à retenir : elle sépare l'histoire du moyen âge de celle des temps modernes.

(3) La Maison d'Este protégea les poètes, entre autres L'Arioste.

par Laurent de Médicis et Pic de la Mirandole, vrai prodige d'érudition. On n'oubliera jamais les noms de Politien, de Laurent Valla, d'Egidius de Viterbe. Les sciences sont dignement représentées par le cardinal de Cusa, hébraïsant, astronome (1). L'imprimerie, inventée par Guttenberg (1436), favorise la diffusion des lumières. L'art de la peinture progresse étonnamment. Alors, jouissent d'une gloire impérissable Giovianni de Fiésole, Léonard de Vinci, Le Pérugin, et notamment Raphaël Sanzio (né en 1483) et Michel-Ange (né en 1473), génies hors ligne qui jetteront le plus vif éclat.

Donato Bramante, architecte, est sans rival.

De toutes parts surgissent des illustrations militaires : Hunyade Corvin et Scanderbeg, « le Gédéon chrétien », deux protecteurs des peuples inquiétés par les Turcs ; Dunois, animé de l'esprit de Jeanne d'Arc, vainqueur des Anglais en Normandie (1450) ; Casimir, roi de Pologne ; Mathias Corvin, roi de Hongrie ; Gonzalve de Cordoue, « le grand capitaine », et autres guerriers, acquièrent des droits à l'immortalité.

De hardis navigateurs découvrent le cap de Bonne-Espérance, l'Amérique, la nouvelle route

(1) Cusa affirma le premier que la terre se meut autour du soleil.

des Indes. Quels marins que Bathélemy Diaz, Christophe Colomb, Vasco de Gama !

Ce temps vit, à côté de bien des excès, de ravissants modèles de vertus dans les saints : Jean de Capistran, Antonin, Laurent Justinien, Jean de Kenti, Casimir de Pologne, Cajetan, et tant d'autres. Une foule de bienheureux, appartenant aux ordres de Saint-Augustin, de Saint-François, de Saint-Dominique, font honneur à la vie religieuse.

Ici nous nommerons au moins quelques servantes de Dieu : sainte Catherine de Bologne (1), sainte Véronique de Milan, sainte Catherine de Gènes, sainte Claire de Corbie.

Le monde s'édifia de nombreuses canonisations et du retour de plusieurs peuples de l'Orient à l'Eglise latine. Les grands papes Nicolas V, Calixte III, Pie II (2), Sixte IV, Innocent VIII et Jules II contribuèrent à rendre célèbre cette époque, qui préluda si bien aux incomparables splendeurs du siècle de Léon X.

(1) Son corps a conservé sa flexibilité. Jules Favre, s'étant assuré du fait, cria miracle. Au mois de mars 1886, Monseigneur l'Evêque de La Rochelle et deux ecclésiastiques qui l'accompagnaient, ont eu la douce satisfaction de contempler ce prodige.

(2) Æneas Sylvius Piccolomini, dont le savoir, rehaussé d'humilité, eût suffi à deux réputations.

RAYMOND PÉRAUD

I

Péraud (1) naquit le 28 mai 1435 (2), à Saint-Germain-de-Marencennes (A, 3), bailliage d'Aunis (B), diocèse de Saintes. Selon Philippe de Commines, son contemporain (4), il serait né à Surgères. Pour expliquer le dire de cet historien, il suffit de remarquer que, souvent, on nomme un lieu plus connu pour un lieu voisin moins connu, et de savoir, surtout, qu'à la fin du XVe siècle Saint-Germain-de-Marencennes était annexé à Saint-Pierre-de-Surgères pour l'administration spirituelle (5).

D'ailleurs, dans son Histoire de la ville de La Rochelle et du pays d'Aunis, le P. Arcère

(1) Raoul Baudouin, licencié en lois et bachelier en décrets, juge official de la Cour archidiaconale de Péraud, écrit : *Peraudus*, invariablement.

(2) Même année que Christophe Colomb.

(3) C'est par lettres de l'alphabet qu'on indiquera les renvois à l'appendice.

(4) Auteur de mémoires sur les règnes de Louis XI et de Charles VIII.

(5) Pouillé du diocèse de Saintes (1402).

écrit que Péraud est né à Marencennes. Il confirme ainsi une tradition populaire. Ce savant religieux fut à même d'obtenir bien des renseignements sur sa vie et ses premières années. Il pouvait facilement consulter les archives de Poitiers, Saintes, Surgères. Son témoignage suffirait seul, mais nous en avons un autre plus affirmatif, qui nous indique le lieu précis de sa naissance.

D'après le chevalier de la Perrière (C), Péraud est né à Roiffé, domaine seigneurial, situé en Saint-Germain-de-Marencennes. Son souvenir aurait été transmis aux aïeux du chevalier par les de Ferrières qui s'allièrent à eux, il y a environ deux cents ans.

Préciser ainsi son lieu de naissance, c'est prouver ce qu'ont écrit les historiens touchant l'obscure condition de ses parents ; car, Roiffé étant isolé de toute habitation, ceux-ci n'y trouvèrent place qu'en qualité de fermiers, de manœuvres.

Encore jeune, Péraud cultiva les heureuses dispositions dont il était doué. Il se sentit attiré vers l'état ecclésiastique. Avec le secours de quelques amis de La Rochelle, il se rendit à Paris, et entra, comme boursier, au collège de Navarre. Il ne tarda pas à prendre le grade de bachelier en théologie et même le titre de docteur de cette

Maison (1). Ordonné prêtre vers 1460, il revint dans l'Aunis, premier théâtre de son zèle sacerdotal. On nous permettra de citer ici un quatrain composé à son sujet, il y a quelques années :

Pour cet Aunis, Péraud, souvent ton âme prie ;
Ce pays n'est qu'un point dans ta belle patrie,
Mais là fut ton berceau, ce lieu tu le bénis ;
A ton cœur il n'est rien de plus cher que l'Aunis.

L. A.

C'est au temps où notre docteur débutait dans le ministère sacré des âmes que l'Aunis et les pays circonvoisins furent justement émus de la miraculeuse guérison d'un enfant, Bertrand Leclerc, qui, muet depuis longtemps, parla après avoir reçu la communion aux fêtes de Pâques, dans l'église Saint-Barthélemy de La Rochelle, le 2 avril 1461 (2).

Péraud était prieur de Saint-Gilles de Surgères (D), quand Louis Ier de Rochechouart, évêque de Saintes, prélat d'une vigilance vraiment pastorale, le nomma, presque coup sur coup, chanoine de Saintes et archidiacre d'Aunis (3). Il n'est

(1) L'Université de Paris présentait aux étudiants un modèle de science et de piété dans Jean Gerson, l'un de ses derniers chanceliers, mort en 1429.

(2) Ce fait fut constaté par un procès-verbal dont l'Évêché de La Rochelle possède une copie.

(3) Il eut, au chapitre, le titre de *magister scholarum*, « écolâtre ». C'était la cinquième dignité du chapitre. L'écolâtre enseignait la théologie. Certains auteurs ont cru,

pas inutile de noter qu'il se trouva archidiacre d'Aunis après un Rochechouart et qu'il eut pour successeur un autre Rochechouart ; que, pendant près d'un siècle, cette importante dignité fut, en quelque sorte, héréditaire dans la famille de ce nom, et qu'il ne l'eût pas obtenue sans un mérite éminent (1). Cette nouvelle position le mit naturellement en rapport avec plusieurs Rochelais très connus à la cour de France, tels que Pierre Doriole, chancelier de France, petit-fils, par sa mère, de Jehan du Gué-Charraux, qui avait des biens dans la paroisse de Saint-Germain-de-Marencennes; Jehan Merrichon, seigneur d'Huré, grand bailli du fief d'Aunis, que Louis XI appelait « son bon bourgeois » ; enfin, Georges Geoffroy, seigneur de Péré, panetier du roi. L'hôpital de Saint-Berthomé de La Rochelle (2) compte Geoffroy au nombre de ses plus célèbres administrateurs.

Vu l'estime et l'affection dont il était l'objet et ses relations avec ces illustres Rochelais, Péraud pouvait aisément arriver à de nouvelles dignités, lorsque l'occasion de se présenter devant le roi s'offrit comme d'elle-même.

à tort, que les mots *magister scholarum* voulaient dire « maître d'école ».

(1) L'archidiaconé d'Aunis renfermait cent soixante-treize paroisses.

(2) Hôpital fondé par Alexandre Aufrédy (1203).

Louis XI vint, en 1469, aux frontières du Poitou et de l'Aunis pour une entrevue avec son frère, Charles de France, à qui il avait cédé, à Amboise, au mois d'avril précédent, le duché de Guyenne, la ville de La Rochelle et le bailliage d'Aunis.

Louis couchait à Puyravault le 7 septembre. L'archidiacre d'Aunis se trouvait dans l'étroite obligation de présenter au roi ses hommages. Ce prince aimait le clergé. Dans ses fréquents voyages, il employait jusqu'aux prêtres de villages à écrire des lettres qu'il leur dictait sur des affaires d'État. « Le discernement des esprits était admirable en lui (1). » Il apprécia bientôt l'archidiacre et ne tarda pas à le charger d'une mission à remplir en cour de Rome. Selon Arcère, la cause du départ de Péraud pour la Ville éternelle « fut vraisemblablement le désir de parvenir, noble ambition qui, dit-il, sollicite les grandes âmes à se frayer une carrière digne d'elles. » Grâce à ses qualités d'esprit et de cœur, il plut tout d'abord aux prélats romains, et Da Lorenzo Cardella (2) rapporte qu'il sut se faire

(1) Commines.

(2) Auteur italien dont nous avons consulté l'ouvrage sur les cardinaux, au couvent de la Minerve, à Rome (janvier 1870). Ici, qu'il nous soit permis d'adresser nos remerciements au R. P. Bonnet pour son charmant accueil, et au R. P. Sicard, qui nous le mérita.

aimer de Paul II. Dans la capitale du monde chrétien, le mérite a toujours été accueilli, protégé.

On ne sait point quand Péraud quitta l'Aunis pour se rendre à Rome ; mais il est certain qu'il n'y était plus lorsque le roi y revint (1472) pour reprendre et réunir au domaine de la couronne la ville de La Rochelle, dont les habitants se montraient toujours fidèles à Charles de France. Il est reconnu qu'il fut employé par Paul II, qui mourut en 1471.

Prêt à rendre service, Péraud joignit ses instances à celles du cardinal Piccolomini pour obtenir de Sixte IV la bulle du 3 août 1476, par laquelle ce pape confirme les privilèges octroyés à Saint-Pierre de Saintes au temps de Nicolas V et de Pie II (1). Des indulgences étaient accordées à ceux qui contribueraient à la réédification de cette église.

Il est parlé de Péraud dans une bulle de Sixte IV, datée de juin 1481, et qu'on a retrouvée récemment parmi de vieux papiers de la fabrique de Saint-Pierre d'Angoulins (2). On y voit que ce

(1) Dans cette bulle on lisait : *Dilecto filio Raymundo Peraudo, sacræ paginæ professori et dictæ ecclesiæ canonico.*

(2) L'authenticité des lettres apostoliques et bulles d'indulgences de Sixte IV, concernant l'église d'Angoulins, fut reconnue par Raoul Baudouin, cité plus haut.

Pape (nous résumons) désirant que les fidèles fréquentent et honorent l'église Saint-Pierre d'Angoulins, à laquelle Péraud porte un intérêt particulier, et voulant les engager à contribuer plus promptement à son entretien, conservation et restauration, etc., leur accorde des indulgences pour les jours où ils accompliront cette œuvre de piété. Le pontife indique le but de la mission de Péraud à Rome : « Notre bien-aimé fils, maitre Raymond Péraud, ambassadeur de notre très-cher fils en Jésus-Christ, Louis, roi très-chrétien de France, envoyé près de Nous pour traiter d'affaires diverses et délicates (1). »

Péraud parvint à contenter le roi et le pape. On se demande si au nombre de ces affaires diverses et délicates ne se trouvait pas la Pragmatique Sanction, établie par Charles VII au temps du ridicule concile de Bâle (2). Louis XI, qui, au commencement de son règne, l'avait abolie, eut,

(1) Dans une bulle conservée aux archives de l'église de Poitiers et datée du 26 novembre de la même année, le pontife lui donne les titres de « maitre, de professeur de la sacrée théologie, de chanoine de ladite église de Poitiers, d'archidiacre d'Aunis, de notaire et d'officier de la chambre, etc. » *Sixtus... magistri Raymundi-Peraudi, sacræ theologiæ professoris, canonici dictæ ecclesiæ pictaviensis, et archidiaconi alnisiensis, notarii et cubicularii nostri, etc.*

(2) La Pragmatique Sanction déclarait que le concile général est supérieur au Pape, supprimait les annates, réserves, etc. 2

plus tard, la malicieuse idée de la rétablir, et cela, dans un moment d'embarras pour le Saint-Siège. Péraud n'a point approuvé cette Pragmatique. Quoique très-attaché à son roi, il ne pouvait point perdre de vue ses devoirs envers le chef de l'Eglise dont il connaissait et respectait les droits.

Désireux de s'instruire, quels avantages ne dut-il pas tirer de sa nouvelle position et quel plaisir n'eut-il pas à fréquenter, dans cette ville de Rome, centre des lumières et des beaux-arts, une foule d'hommes remarquables, tels que Jean Argyropule, de Constantinople, traducteur d'Aristote, et tels que Régio Montanus, évêque, mathématicien (1), astronome éminent, que Sixte IV avait attiré près de lui.

Plus d'une fois notre docteur put suivre la lutte établie entre deux écoles dont les chefs étaient deux Orientaux : Georges Gémiste (2), grand admirateur de Platon, et Georges de Trébizonde, qui préférait Aristote (3).

(1) On lui doit les premières indications du système décimal.

(2) Surnommé Pléthon.

(3) L'amour de l'Antiquité païenne ne fut pas, alors et ensuite, assez modéré. Ce que l'on appela Renaissance nuisit beaucoup au sentiment chrétien.

II

Notre docteur allait rendre de grands services à l'Église. Comme l'avaient pressenti Paul II et Sixte IV, il se montra habile dans les affaires. En 1482, il parut à la cour de France en qualité de nonce. Il obtint du Pape privilèges et franchises en faveur de l'hôpital de Saint-Berthomé de La Rochelle (1). Il aimait cette ville et se rappelait volontiers l'ancienne amitié de quelques-uns de ses habitants.

Péraud sentait le besoin de se montrer reconnaissant envers ceux qui lui faisaient ou lui voulaient du bien. Aussi, à la mort de Louis XI (1483), s'imposa-t-il le devoir de prier pour le repos de l'âme de ce prince, qui, malgré ses défauts (2), avait des droits à son attachement.

Une vérité. Grâce aux conseils de François de Paule (3), qu'il avait fait venir des extrémités de l'Italie, dans l'espoir d'obtenir de lui sa guérison, Louis se convertit sincèrement, et rendit à Dieu

(1) On conserve dans les archives de cet établissement un titre qui en fait foi ; cette pièce est datée du 2 septembre 1482.

(2) Il était dissimulé, vindicatif. Nul n'ignore sa rigueur à l'égard du cardinal La Balue, qui, d'abord abbé commendataire de Saint-Jean-d'Angély, devint aumônier du roi, etc.

(3) Fondateur de l'ordre des Minimes.

« son âme enfin soumise et repentante (1). » On ne pouvait résister à la voix du saint, qui suppliait au lieu de commander. « Par charité pour vous-même, faites ceci, cela. » Ainsi s'exprimait cet homme, dont la parole était puissante « jusqu'au miracle (2). »

Un heureux sort ménagea à Péraud l'avantage de voir François. Et, disons-le à sa louange, il se montra fidèle imitateur de ce parfait modèle de détachement des biens terrestres et de dévotion à la vierge Marie.

L'année suivante (1484), il eut à pleurer la mort du doux Sixte IV, son protecteur.

Le successeur de Sixte, Innocent VIII, préoccupé, comme ses prédécesseurs, des intérêts de la religion menacés par les Turcs, assembla les princes et les ambassadeurs présents à Rome, leur communiqua son intention de recueillir des aumônes pour une guerre contre ces ennemis du nom chrétien, et de publier une indulgence extraordinaire en forme de jubilé, applicable aux âmes du purgatoire, à la volonté des fidèles.

Péraud fut nommé nonce du Saint-Siège pour

(1) M. Lachèze.
(2) Charles VIII, touché de la vie édifiante du saint, le retint en France et voulut qu'on construisît un couvent à Plessis-lez-Tours. François mourut en 1507. Cinquante ans après sa mort, son corps frais, vermeil, fut tiré du tombeau et brûlé par les protestants.

l'Allemagne (1). Il y prêcha le jubilé. Quelques théologiens osèrent se demander, au sujet de l'indulgence, si vraiment le pouvoir du Pape s'étendait sur les morts. Un docteur, chanoine de Bamberg, de Wurtzbourg et d'Eystad, nommé Théodoric Morung, prétendit contrôler les pouvoirs du nonce et les bulles pontificales relatives à l'indulgence en question. Déjà, on reprochait à ce docteur de rôder de tous côtés, la nuit, avec l'épée et autres armes offensives ; puis d'être l'auteur d'un libelle diffamatoire lancé contre le clergé. Il fut pris aux portes de Wurtzbourg, livré au nonce, qui l'abandonna aux mains séculières, après l'avoir dégradé et déclaré indigne de jouir des droits et privilèges du sacerdoce.

La nonciature de Péraud, ses voyages n'eurent pas grands succès. La foi des peuples s'était affaiblie. Ils tenaient peu aux grâces spirituelles. Ils étaient animés d'un vague désir d'indépendance. Les erreurs de Jean Hus, de Jérôme de Prague et de leurs adhérents commençaient à porter leurs détestables fruits. C'était là, pour le nonce, une épineuse mission. Sans une extrême

(1) Légat *a latere* pour le Danemark, la Suède et autres pays du Nord, il publia des lettres d'indulgence qui furent imprimées en Allemagne. Elles sont datées de 1490. (Voir le Xe volume des *Archives historiques de la Saintonge et de l'Aunis*.)

prudence, il eût échoué aussi complètement que le cardinal d'Aquilée au temps où Sixte IV l'avait envoyé vers les princes d'Allemagne pour les soulever contre les Turcs.

Une grande affliction était réservée au nonce. Il revenait de ce pays, quand des voleurs l'assaillirent à main armée et lui ravirent le produit de ses quêtes. Son dévouement méritait une récompense et sa mésaventure une consolation. Maximilien d'Autriche, fils de l'empereur Frédéric III (1), le fit nommer à l'évêché de Gurck en Carinthie (1492). Garimbert et Chacon, surnommé Ciaconius, ont, plus tard, prétendu qu'il avait employé l'argent des quêtes à s'attirer les bonnes grâces de Maximilien, en le distribuant aux pauvres; que le Pape, instruit de sa conduite, l'avait mal reçu à son retour. Ce sont là des accusations gratuites, injustes. Péraud n'ignorait pas que, s'il est bien de secourir l'indigence, il n'est pas moins louable de repousser des ennemis comme les Turcs. En détournant de sa destination l'argent des fidèles, il se fût montré indigne de leur confiance et de celle du Saint-Siège : enfin il eût déplu à Maximilien très-certainement.

Jean Linturius, contemporain de Péraud,

(1) Maximilien, né en 1459, roi des Romains en 1486, succéda à son père en 1493.

assure qu'il fut volé « par deux rustres ; que ces deux sacrilèges ayant, depuis, été pris, avouèrent le fait avant que d'être exécutés (1). » On s'étonne que Garimbert et Chacon aient osé raconter une telle fable et dénigrer un si noble caractère. Ils auraient dû comprendre que le nonce, après une faute de ce genre, n'eût pas été facilement appelé à l'épiscopat et se souvenir que le Saint-Siège le chargea, dans la suite, de diverses légations. Péraud avait été exposé aux traits envenimés de quelques-uns de ces hommes passionnés dont, pendant un temps, l'impiété désola l'Église et l'Italie, et dont la malice noircit les meilleures réputations, décria les dignitaires ecclésiastiques attachés à leurs devoirs et le Pape lui-même. Ceci se verra surtout sous le successeur d'Innocent VIII, qui sera étrangement calomnié.

A la mort de ce pontife (juillet 1492), le Sacré-Collège élut Pape Rodrigue Borgia (Lenzuoli), né à Valence, en 1431. — Borgia prit le nom d'Alexandre VI.

Quel est ce nouveau Pape dont Péraud et plusieurs personnages importants combattront la politique ? Plein d'énergie et de courage dans les dangers, Borgia parut l'homme qu'il fallait pour lors à la tête de l'Église. Guichardin, qui a

(1) Arcère.

calomnié saint Grégoire VII et Innocent VIII, lui reconnaît de brillantes qualités.

Alexandre trouva au dedans et au dehors des ennemis à combattre. L'aristocratie des Etats romains, qu'il humilia constamment, ne cessa de le traîner dans la boue. Lors de ses démêlés avec les princes d'Aragon, les poètes napolitains inventèrent, pour le peindre, les plus sales couleurs. C'est sur les dires de gens hostiles que l'on a composé la majeure partie de son histoire.

Sous le rapport de la politique, il se rendit répréhensible (1). On aurait remarqué en lui certains penchants à l'astuce, vice de plusieurs princes de cette époque. Cette triste inclination devait nécessairement déplaire à Péraud et à tous les hommes droits, sincères. Condamnable fut sa faiblesse pour son fils, César Borgia (2), l'un des premiers capitaines d'Italie, mais qui, en défendant les domaines pontificaux, se laissa aller à de détestables excès.

Alexandre était fort aimé du peuple, dont il combattait les oppresseurs. A l'étranger, on faisait grand cas de ses lumières. Ainsi, son intervention empêcha-t-elle la guerre d'éclater entre deux

(1) Le pape est peccable. Il n'est infaillible qu'en matière de foi et de mœurs. Cette prérogative tient à sa charge.

(2) Alexandre avait été marié avant d'entrer dans les Ordres.

nations rivales, l'Espagne (1) et le Portugal. Il s'agissait du Nouveau-Monde, découvert (1492) et donné à l'Espagne par Christophe Colomb (2).

Voilà, après de sérieuses recherches, ce que nous dirons de ce Pape si longtemps mal jugé (3).

A propos de la découverte du Nouveau-Monde, il est bon de faire observer que Péraud, comme les amis des véritables progrès, se réjouit de ce mémorable événement qui, pour parler le charmant langage d'un narrateur, allait « jeter un pont de navires sur l'Atlantique » et offrir à l'Église l'heureuse chance d'amener une multitude d'hommes dans les sentiers de la foi.

(1) Pays gouverné par Ferdinand V le Catholique et Isabelle, reine chérie des Castillans, « à qui revient la gloire de presque toutes les belles actions de son époux. » Le surnom de Catholique fut donné à Ferdinand à l'occasion de son triomphe sur les Maures.

(2) Six cents évêques ont donné, depuis quelques années, leur adhésion au postulatum pour l'introduction (par voie exceptionnelle) de la cause de ce héros chrétien.

(3) V. Roscoé, Audin, Chantrel, etc.

III

Sur les recommandations de Charles VIII et probablement à la prière de Maximilien, Alexandre appela Péraud aux honneurs de la pourpre (1493), persuadé qu'il serait un soutien pour l'Église (1). Selon certains auteurs, cette promotion se fit en avril ; selon Aubéry et Fleury, elle date du mois de septembre. Il est rapporté que Péraud écrivit au maire, aux échevins et aux pairs de La Rochelle, « les reconnaissant pour les premiers autheurs de son avancement. » Il aurait été investi du titre cardinalice de Saint-Vital, puis de celui de Saint-Jean-Saint-Paul. Il eut certainement le titre de Sainte-Marie-in-Cosmédin (2) ; enfin, celui de Sainte-Marie-la-Neuve. On l'appela tou-

(1) Il ne reçut le chapeau qu'en 1494.

(2) Nous avons visité l'église de Sainte-Marie-in-Cosmédin ; clocher bysantin, joli, élevé. Elle date du IIIe siècle. On y voit une statue de la sainte Vierge apportée d'Orient pour la soustraire aux iconoclastes.

Au bas, on lit une inscription grecque dont la traduction est :

MÈRE DE DIEU, TOUJOURS VIERGE.

jours cardinal de Gurck, sans doute parce qu'il était évêque de Gurck lors de sa promotion.

L'année suivante, il est désigné pour la légation de Pérouse et de Todi. Il trouve, à Pérouse, Colombe de Riéti, qui, à dix-sept ans, menait une vie toute céleste. Dans ce poste, la Providence lui réserve une joie inespérée : la satisfaction de servir le roi de France. Ce sera à l'occasion de l'expédition de Charles VIII en Italie.

Les principaux du royaume de Naples (1), fatigués de la tyrannie de Ferdinand Ier d'Aragon, voulaient rendre le trône à la maison d'Anjou, représentée par Charles VIII (2). Ajoutons qu'Innocent VIII avait, dans une circonstance, engagé Charles à faire valoir les droits qu'il s'attribuait sur ce royaume (3). Brave, mais sans expérience, Charles espérait s'emparer de Naples et, ensuite, de Constantinople, voyant dans cette dernière conquête gloire pour lui et avantages pour la religion. Les Turcs inquiétaient la chrétienté. Mahomet II, le farouche conquérant de Constantinople, était mort laissant deux fils : Bajazet, qui réclama le trône à cause de son droit

(1) Ce royaume, fondé au XIIe siècle par les Normands, était un fief de l'Église romaine.

(2) Les Angevins régnèrent sur Naples par le droit que donne la victoire : c'était le droit des Aragonais.

(3) Péraud fut, alors, choisi par le Pape pour négocier avec le monarque français.

d'ainesse, et Zizim, qui le voulut comme étant le fils « né dans la pourpre », c'est-à-dire né depuis l'avènement de Mahomet à la couronne. Ils se livrèrent bataille. Zizim, vaincu, se réfugia à Rhodes, auprès de Pierre d'Aubusson, grand maitre des chevaliers de Saint-Jean-de-Jérusalem. Il fut envoyé à la commanderie de Bourganeuf (Creuse), et plus tard remis au Pape Innocent VIII.

Charles recommanda à Alexandre de bien garder Zizim, qui pouvait lui être utile. Il chercha à s'attacher André Paléologue (1), fugitif comme Zizim, et résidant à Rome.

Il est avéré qu'Alexandre voulant contraindre Alphonse II (2) à lui faire des concessions, avait, naguère, paru favorable à l'expédition projetée, très-inquiétante pour ce roi, et qu'ayant obtenu ce qu'il désirait, il s'efforça, ensuite, de l'empêcher ; que, dans ce but, il instruisit Bajazet des desseins de Charles touchant Naples et Constantinople.

Cette expédition déplaisait au conseil royal, aux meilleurs capitaines et à une partie du royaume (3). Mais la jeune noblesse et quelques barons napolitains, réfugiés à la cour de France,

(1) Neveu et seul héritier de Constantin Paléologue.

(2) Fils de Ferdinand Ier.

(3) Anne de Beaujeu, sœur ainée du roi, femme très prudente, répétait en vain ces paroles de Louis XI : « Aller chercher des conquêtes en Italie, c'est acheter bien cher un long repentir. »

pressaient le roi de partir. Il fallait de l'argent. Guillaume Brissonnet, évêque de Saint-Malo, surintendant des finances, mit à contribution les revenus de l'année suivante. Charles se trouvait à Lyon, lorsqu'on lui révéla le pacte fait entre le Pape et le roi de Naples, qui, lui aussi, avait écrit à Bajazet pour lui apprendre ce dont l'empire turc était menacé.

Notons que Charles avait, à Rome, des amis disposés à entrer dans ses vues. Le 6 septembre 1494, dans l'église Saint-Pierre-in-Montorio (1), après une messe du Saint-Esprit, célébrée par le cardinal Péraud, André Paléologue déclarait, en présence de deux notaires et de plusieurs témoins, « que, se voyant hors d'état de reconquérir le trône que son oncle avait perdu, et ayant appris que le roi de France prenait les armes contre les Turcs, il voulait contribuer de tout son pouvoir au succès de l'entreprise... » Il offrait de « céder au roi très-chrétien, pour lui et pour ses successeurs, les droits de souveraineté qu'il pouvait avoir sur l'empire de Constantinople et de Trébizonde, ainsi que sur le despotat de Servie. »

« Le même jour, en présence des mêmes témoins, le cardinal, stipulant au nom de Charles VIII, aurait accepté lesdites offres, sauf

(1) Lieu célèbre par le martyre de saint Pierre.

ratification de la part du roi (1). » Paléologue avait posé des conditions (2).

Rien ne prouve que Sa Majesté ait approuvé ce projet (3). D'un autre côté, on ne sait si Péraud était positivement autorisé par le roi à stipuler en son nom ; mais on conçoit qu'il ait voulu se créer un mérite à ses yeux en cherchant à conclure cette affaire (E). Paléologue avait déjà voulu, en 1491, céder à Charles ses droits héréditaires (4).

Péraud, ayant plusieurs fois figuré dans la susdite campagne, nous devons nécessairement en donner le résumé. Elle est, on le sait, l'un des principaux faits de la seconde moitié du xve siècle.

(1) Pour ces détails, V. de Cherrier.

(2) *Mémoires* de l'Académie des Inscriptions, t. XVII, pp. 539 à 562.

(3) Paléologue léguera, en 1502, à la couronne d'Espagne ses droits sur Constantinople, etc., et il ne sera point question de l'acte du 6 septembre. (Zurita, *Ann. d'Aragon.*)

(4) Darras écrit que Paléologue vendit ses droits à Charles ; erreur : rien ne fut réglé ni en 1491, ni en 1494.

IV

Au commencement de septembre, Charles, muni d'une artillerie facile à mouvoir, passe les Alpes avec une armée pleine d'ardeur : trente à quarante mille hommes.

Arrivé dans le Milanais, il craint de manquer d'argent et d'aller plus loin. Le cardinal Julien de la Rovère (1) accourt et lui représente que la « conquête de Naples lui coûtera moins qu'une retraite déshonorante. »

Ludovic Sforza, duc de Milan, se propose de lui avancer une somme considérable. Charles visite les Granges, belles fermes de ce duc (2). A Pavie, on lui adresse vœux et compliments.

Le Pape ne voyait pas sans peine l'armée française prête à franchir l'Apennin. Il avait informé

(1) Évêque d'Ostie, archevêque titulaire d'Avignon. Il sera pape sous le nom de Jules II, et pape « un peu trop guerrier. »

(2) On voyait aux Granges de beaux et spacieux bâtiments renfermant 1,400 bœufs, vaches et buffles ; 14,000 moutons, chèvres et porcs. C'était un établissement agricole admirable.

de tout Bajazet (ç'a été dit plus haut) et même l'avait prié d'agir en faveur du roi de Naples, et conséquemment contre Charles. Buzardi, qui avait été envoyé à Bajazet, revenait avec la réponse de ce prince (1), lorsqu'il fut arrêté à Sinigaglia par Jean de la Rovère, frère germain du cardinal de ce nom et préfet de cette ville pour les Vénitiens. Péraud, indigné des dispositions hostiles d'Alexandre, et se laissant guider par son patriotisme, se récriait avec force, mettait en pratique l'ancienne devise des seigneurs de Surgères : « *Fier fils, ne faulx à ton pays.* »

Il faisait ressortir les bonnes intentions de Charles, les services qu'il rendrait à la religion par la conquête du pays des infidèles.

L'armée franchit l'Apennin. La Toscane est en émoi. Jérôme Savonarole prêchant à Florence, avait prédit de grands malheurs, si l'on ne se convertissait (2). Charles fait son entrée en cette ville, le 15 novembre. Il se rend par Sienne à Acquapendente (3), dont les habitants lui présentent les clefs.

Cependant on accusait à la cour pontificale le

(1) Fin de septembre.

(2) Savonarole, grand prédicateur, beau génie, s'efforçait de réformer les mœurs du peuple dégénéré, corrompu. Il voulait que le Christ « fût roi de Florence. »

(3) Ville des États de l'Église.

cardinal Péraud « d'avoir trompé ces populations crédules en leur persuadant que le Pape accordait le passage et les vivres à l'armée française (1). »

Le 2 décembre, Charles était à Viterbe. Au Vatican, grande inquiétude ! Alexandre ne savait s'il devait quitter Rome ou résister. Il pouvait compter sur le roi de Naples. On crut, un jour, qu'il résisterait. Il chercha à s'attacher bon nombre d'Allemands qui résidaient dans la ville. Ces gens-là ne cachaient pas leur crainte. Péraud, pour les rassurer, leur écrivit la lettre qu'on va lire :

« Si mes efforts pour rétablir la bonne harmonie entre le Pape et le roi très-chrétien, n'ont pas réussi, la faute n'en peut être imputée à ce prince, qui désire sincèrement se montrer un fils soumis de la sainte Église et du Souverain Pontife. Comme les ennemis de la France sont contraires à cet accord, et qu'il est à craindre, s'ils parviennent à l'empêcher, que l'armée française ne force l'entrée de la ville, j'ai cherché à vous garantir de tous dommages, et, à ma demande, le roi a défendu, sous des peines sévères, de vous traiter en ennemis. Retirez-vous au besoin dans mon palais, où j'ai donné ordre de vous recevoir. Vous y serez

(1) *Diar. Burchardi*, mss, t. I, p. 428.

en sûreté. Je n'oublie pas que j'ai été élevé de rien au cardinalat à la recommandation du roi des Romains, de son fils et des électeurs de l'Empire. Tant que je vivrai je m'efforcerai de leur témoigner ma reconnaissance en rendant service à eux et à leurs sujets (1). »

Enfin les Français vont arriver. On était au 25 décembre. Forcé de se soumettre à la nécessité, le Pape charge son neveu, le cardinal de Montréal, de se rendre auprès du roi pour sonder ses dispositions. Celui-ci promet « de ne porter aucun dommage à Alexandre, ni au spirituel, ni au temporel (2). »

Charles députe au Pape Étienne de Vesc, sénéchal de Beaucaire, Jean de Gannay et le maréchal de Gié. Il est convenu que le roi entrera à Rome avec son armée le 1er janvier.

Le 31 décembre, les Napolitains, commandés par le duc de Calabre, sortent de la ville, où, le soir même, Sa Majesté, à cheval, arriva armée de toutes pièces et la lance sur la cuisse. Près d'elle se trouvaient les cardinaux de la Rovère et Ascagne Sforza. Immédiatement derrière venaient cinq autres princes de l'Église : Colonna, Savelli,

(1) *Diar. Burchardi*, fol. 429-433.

(2) Marino Sanuto, sénateur, historiographe de la République de Venise.

Péraud, San-Severino et Saint-Denis (1), des seigneurs français et italiens.

Brissonnet, qui aspirait au cardinalat, et le sénéchal de Beaucaire poussaient leur maitre à conclure la paix. César Borgia, cardinal de Valence, et autres cardinaux, étant venus la lui demander, il répondit qu'il voulait le libre passage, César Borgia pour otage et que Zizim lui fût remis.

Alexandre, suivi de quelques cardinaux, s'était réfugié au château Saint-Ange. Il pria Charles de lui envoyer des négociateurs. Le comte de Bresse, Montpensier, de Gannay, Jean de Rely, évèque d'Angers, confesseur du roi, furent députés vers le pontife.

Le Pape promit de laisser à l'armée française le libre passage dans les États de l'Église. Il s'engagea également à rétablir dans leurs biens, charges et honneurs les cardinaux Colonna, Savelli, Péraud, de la Rovère. César Borgia devait accompagner le roi avec le titre de légat *a latere*. Le roi serait un fils dévoué au chef de l'Église et lui ferait obédience, etc. Selon Symphorian Guagin, il aurait été stipulé que Péraud jouirait de ses

(1) Jean de la Groslaye de Viliers, abbé de Saint-Denis, ambassadeur du roi près le Saint-Siège. C'est sur les ordres et aux frais de ce cardinal que Michel-Ange sculpta le groupe désigné sous le nom de *Pietà*, qu'on voit dans la basilique de Saint-Pierre.

revenus partout où il résiderait, et, chose singulière! qu'il officierait aux funérailles du roi (1).

La confiscation des revenus de notre cardinal porta, dans la suite, certaines gens à croire au conte que voici : Le premier jour de Carême, appelé à donner les cendres au pontife, il commençait à réciter le *Memento* prescrit par la liturgie, lorsque le maitre des cérémonies lui aurait représenté que, pour le Pape, on gardait le silence. Le cardinal, ajoute-t-on, racontant un jour cet incident, ne craignit pas d'avancer qu'il avait failli dire : *Memento, papa, quia non habeo pecunias.* « Souvenez-vous, Pape, que je n'ai point d'argent. » Or, si dans cette pieuse cérémonie il avait eu une idée aussi inconvenante, aurait-il été assez naïf pour s'en vanter ? Mais, du reste, cette idée n'a pu lui venir ni au Carême précédent, puisqu'il n'était pas encore brouillé avec le Pape, ni au Carême suivant, car, alors, il recevait son traitement.

La paix étant conclue, Alexandre et Charles convinrent d'une entrevue. Elle eut lieu le 16 janvier. Le roi y demanda et obtint la pourpre romaine pour Brissonnet. Le 19, il fit obédience. Les cardinaux de la Rovère, Ascagne Sforza, de Luna, Péraud, Savelli et Colonna, toujours

(1) Selon l'abbé Christophe et autres auteurs, ce traité resta à l'état de projet.

opposés au Pape, n'assistèrent pas au consistoire. Cependant Péraud, Savelli et Colonna résolurent de se rapprocher du pontife, qui les reçut en grâce.

Quelques historiens racontent une scène étrange : Péraud s'étant présenté chez Alexandre pour recevoir la bénédiction pontificale (le 22 janvier), lui reprocha sa correspondance avec Bajazet, osa le qualifier de *magnus simulator*, « grand fourbe » ; de *vir deceptor*, « homme trompeur ». Alexandre aurait dissimulé son indignation, ne voulant pas rompre sitôt avec ce prince de l'Église, qu'il savait en grand crédit à la cour de France (1).

Bien qu'Alexandre méritât des reproches, il nous répugne de croire que Péraud l'ait injurié. Reconnaissons que, dans la circonstance, le cardinal montra du courage. C'est peut-être cette hardiesse, non ordinaire, qui a inspiré à Octovien de Saint-Gelais (2) les paroles suivantes :

Sy regardoy un peu plus hault,
Lors vy maistre Raymond Pérault
Qui gouvernoit et roys et pape,
Empereurs et ducs pour certain,
Tant il avoit pouvoir haultain ;
Et par l'y les grandes menées
Estaient tousiours desmenées.

(1) *Diar. Burchardi*, p. 37.
(2) Octovien, fils de Pierre de Saint-Gelais, seigneur de Montlieu, fut évêque d'Angoulême.

On voyait briller en Péraud la mâle vertu des Catons, perfectionnée par une religion divine. On conçoit combien un tel homme devait servir la cause royale.

Charles, pendant son séjour à Rome, eut plusieurs entretiens avec Péraud et le cardinal de la Groslaye de Viliers, son ambassadeur.

A la prière de François de Paule, dont les conseils avaient été si utiles à Louis XI et à lui-même, il ordonna qu'une église, sous le titre de la Sainte-Trinité, et un monastère de Minimes seraient construits sur le mont Pincio, et obtint que cette maison serait seulement pour des religieux Minimes français (F).

V

Charles prend congé du Pape le 28 janvier. Il part à cheval. César Borgia est à sa droite, Zizim à sa gauche. Le même jour, il couche à Castel-Marino, où s'étaient rendus, dès la veille, les cardinaux de la Rovère et Péraud, qui se défiaient des promesses de pardon du Pape. A Velletri, César Borgia se déguise et s'enfuit. Charles visite au mont Cassin le tombeau de saint Benoît.

Ferdinand II (1), qui venait de succéder à Alphonse, se voyant trahi de tous côtés, songe à se retirer en lieu sûr, « pour y attendre un retour de fortune ». « Les hommes changent volontiers de maitres... Ils ont tort (2). »

Le 21 février, Charles dine à Poggio-Reale (3), château des rois aragonais, à un mille de Naples. Le lendemain, il est reçu avec applaudissements dans cette ville, qui parait heureuse de se tourner vers « le soleil levant ».

(1) Le duc de Calabre.
(2) Machiavel, historien de Florence (1469-1537).
(3) Les Français y virent un four à faire éclore des milliers de poulets.

Un malheur affligea Charles et affaiblit son désir d'aller à Constantinople. Zizim était mort, et vraisemblablement victime de la cruauté de Bajazet, son frère et son ennemi. Bien qu'on le traitât avec tous les égards dus à son rang et à ses malheurs, et que le latiniste calabrais Pomponio Læto charmât ses loisirs par tout ce que la science et la poésie ont de plus attrayant, Zizim, au milieu de « cette fête perpétuelle de l'intelligence », n'avait pu, un seul instant, oublier sa lointaine et chère patrie (1).

Le pays parut des plus agréables au roi et à sa suite. Le grave Brissonnet appelait Naples « ung paradis terrestre. » Quant aux Napolitains, ils eurent bientôt à se plaindre du sans-gêne et des tracasseries des Français. Ce n'est pas tout : l'Italie, effrayée des succès de ceux-ci, craignit pour son indépendance. Une ligue universelle s'était formée dans le nord de la Péninsule. Charles crut devoir inviter d'Aubusson, grand maitre de Rhodes, à venir conférer avec lui, touchant le projet de conquérir les Etats Ottomans, et chargea Péraud de le presser de faire ce voyage. Celui-ci adressa donc au grand maitre un éloquent mémoire, le pria de se rendre auprès du roi, raconta les avantages obtenus par les

(1) M. Lachèse raconte que le prince musulman fut baptisé au moment où il allait expirer.

armes de Sa Majesté et lui mit sous les yeux les moyens qu'elle méditait pour ruiner la ligue des princes, « *ligue de l'Enfer, jaloux des fruits que devait produire le bon succès de l'entreprise.* » D'Aubusson ne se laissa pas éblouir par les lettres de l'habile cardinal.

La ligue devenait inquiétante. Il fut réglé, en conseil royal, que l'on reviendrait en France. Péraud, qui avait tant caressé le projet de porter la guerre en Turquie, regretta vivement cette décision. Il était convaincu que les Turcs seraient toujours à redouter, que la chrétienté souffrirait encore de leur barbarie, qu'il fallait les chasser de l'Europe et rendre aux chrétiens Jérusalem et la Terre-Sainte. — En réalité, il eût été imprudent d'aller plus loin. Il fallait beaucoup d'argent et le roi ne se montrait pas très entendu.

Charles se hâte de quitter Naples. Les confédérés chercheront à lui couper la retraite. Il laisse dans le pays une armée d'occupation et se dirige vers Rome. Alexandre étant de la confédération, craint de le revoir (1). Il se retire avec toute sa Cour, d'abord à Orvietto, puis à Pérouse. Dans cette dernière ville, il a toute facilité de voir Colombe de Riéti, de reconnaître qu'elle est favorisée de visions célestes, de lumières surna-

(1) Darras se trompe quand il prétend qu'Alexandre garda la neutralité. (V. Félix Flambard, etc.)

turelles. Plus tard, pressé intérieurement d'abdiquer le souverain pontificat, il lui enverra le trésorier apostolique pour la consulter. Cet homme sera effrayé des réponses et révélations de Colombe. Les paroles de la vénérée religieuse donneront du poids aux reproches que Péraud et beaucoup d'autres grands personnages faisaient à ce Chef de l'Eglise.

Charles se hâte de quitter Rome. Il trouve à Fornoue les confédérés s'efforçant de lui fermer le chemin d'Asti par une armée bien nourrie, reposée et beaucoup plus nombreuse que la sienne, et qui a pour généralissime François II de Gonzague, marquis de Mantoue.

Le 6 juillet, il entend la messe et communie pieusement avec bon nombre de ses barons. De figure et de taille peu avantageuses, il paraîtra transformé sur le champ de bataille. On l'entendra s'écrier : « Dieu aime les Français ; il est avec nous, etc. » Grâce à de Vaudreuil et à Bayard (1), il échappe à un grand danger. Enfin, l'ennemi succombe sous les coups de la *furia francese*, et notre héros, évidemment protégé du Ciel (2),

(1) Bayard, sous les ordres de Luxembourg, comte de Ligny, commençait à mériter le titre de chevalier « sans peur et sans reproche ». Un autre Français, Louis de la Trémouille, s'illustra prodigieusement aussi à Fornoue.

(2) On attribua cette victoire aux prières de saint François de Paule.

peut ramener dans la patrie les débris de son armée.

Cependant, on s'insurgeait dans le royaume de Naples. Bientôt, il ne restera de cette regrettable expédition et rapide conquête que le souvenir de la civilisation corrompue de l'Italie ; souvenir qui inspirera à la société française l'amour d'un luxe généralement inconnu chez elle.

Arrivé en France, Charles s'occupa du bonheur de son peuple. Il se trouvait à Amboise, lorsqu'il mourut, âgé de 27 ans (avril 1498). Commines affirme qu'on ne pouvait voir « meilleure créature. »

Péraud célébra le premier service pour le repos de l'âme du roi, dont le corps resta huit jours sur un lit de parade ; puis, à la tête des grands dignitaires du royaume, il suivit le corps jusqu'à Notre-Dame de Paris. De là on se rendit à Saint-Denis, où le cardinal de Luxembourg célébra la messe et acheva la cérémonie.

De retour à Rome, Péraud changea son titre de cardinal-diacre de Sainte-Marie-in-Cosmédin pour celui de Sainte-Marie-la-Neuve (1).

(1) Église diaconale élevée à la dignité presbytérale en 1499, maintenant dédiée à sainte Françoise, noble dame romaine, morte en 1440.

VI

L'année 1500 ramenant le Jubilé périodique, Alexandre juge à propos d'envoyer des légats aux pays étrangers afin de le publier, et d'exhorter les princes à se liguer contre les Turcs. Péraud est désigné, le 15 octobre 1499, pour la légation d'Allemagne, où, comme par le passé, se présentent de graves difficultés.

Investi du titre de légat *a latere*, il travaille, en passant à Trente, à la conclusion d'un accord entre l'empereur Maximilien et Louis XII représenté par le cardinal d'Amboise (1). Ses efforts sont couronnés de succès. Il inspirait par « ses talents, son intégrité », une confiance absolue. Aucun ecclésiastique d'alors ne le surpassa en habileté dans les négociations. Fleury croit qu'il a été le plus célèbre des légats.

Si Péraud savait, par ses conseils, guider les grands du monde, il excellait à consoler les pau-

(1) Prélat d'un mérite transcendant. On l'a comparé à Ximénès, son contemporain.

vres, les affligés, et à enrichir les âmes des trésors célestes, donnant, dit un ancien, « du spirituel pour recueillir du temporel. » (Il s'agit ici des contributions destinées à la guerre contre les infidèles.) Ses pieux efforts furent souvent paralysés par l'affaiblissement de la foi et les désordres qui en résultent. Il évangélisa l'Allemagne, la Suède, le Danemark. Visiter les églises, et y établir de sages réformes ; réprimander et même déposer les clercs scandaleux ; ramener les religieux aux salutaires pratiques de l'ancienne discipline ; aviser aux moyens de faire régner la paix entre les princes chrétiens : voilà les principales raisons pour lesquelles il se multiplia pendant l'année jubiliaire.

La clôture du Jubilé eut lieu, à Rome, le 6 janvier 1501. On ne sait si Péraud put se rendre à la cérémonie.

Un auteur anonyme raconte qu'il arriva chargé de richesses amassées dans les contrées qu'il avait parcourues ; qu'étant entré au consistoire pour rendre compte de sa mission, et s'y voyant interrogé sur l'opinion des étrangers touchant la cour de Rome, il aurait parlé contre le luxe des cardinaux, ajoutant que s'ils ne se réformaient, il s'ensuivrait une défection générale dont ils répondraient. Enfin, d'après cet auteur, les cardinaux lui reprochèrent la même chose. Ne reconnait-on pas là le langage audacieux d'un partisan de ces Bohémiens turbulents qui voyaient avec peine les ecclésiastiques posséder des biens temporels ? Le cardinal-légat devait faire connaître les calomnies dont la Cour romaine était l'objet dans certaines contrées de l'Allemagne ; mais il ne pouvait goûter la manière de voir des ennemis de l'Eglise. S'il y avait à redire sur quelques membres du haut clergé, la plupart étaient irréprochables et connus pour tels. Or son esprit le portait à respecter, à louer le mérite partout et toujours.

Loin de se contenter d'être juste à l'égard de ses semblables, il se plaisait, soit dit de nouveau, à les obliger, à les prévenir par toutes sortes de bons offices, surtout quand il leur devait quelque reconnaissance. C'est pourquoi il n'entendit pas garder du collège de Navarre un stérile souvenir : il lui envoya des reliques (1502). Il n'eut garde d'oublier La Rochelle, où des amis lui avaient frayé le chemin aux dignités ecclésiastiques. Il obtint pour les Rochelais des bulles portant défense à tout juge forain de les inquiéter pour des faits désignés et autorisant les abbés de Charron, de Saint-Léonard et l'archidiacre d'Aunis à lever certaines excommunications qu'ils auraient pu encourir. Qu'on se soit ou non conformé aux dispositions contenues dans les bulles, ses démarches, dans la circonstance, furent une nouvelle preuve de ses sentiments d'affection et de gratitude pour ces mêmes Rochelais (1).

En 1503, le cardinal assista à la diète électorale de Francfort-sur-le-Mein.

A la mort d'Alexandre VI, il intervint au conclave qui élut Pie III et bientôt Jules II. Ce dernier le maintint dans la légation d'Allemagne. Passant par la Suisse, et se trouvant à Bâle, il apprit qu'il s'opérait des prodiges aux tombeaux de trois jeunes filles : Cunégonde, Viberad et Melchtilde, au village d'Eichsel. Il importait d'agir avec prudence. Pour cette raison, il députa quelqu'un avec charge d'examiner toutes choses, et de venir lui rapporter fidèlement le résultat des informations. L'envoyé arriva à propos et fut témoin de trois nouveaux miracles. Un homme recouvra l'usage de la parole, une paralytique fut guérie, une autre personne vit clairement d'un œil en si mauvais état, qu'elle ne pouvait s'en servir. Le légat permit de vénérer les reliques. Grâce au zèle prudent qui le caractérisait, il parut constamment à la hauteur de sa mission.

(1) La maison des Oratoriens de La Rochelle conserva longtemps un manuscrit où ces bulles étaient transcrites.

VII

Si Péraud était admiré chez les étrangers, il ne l'était pas moins dans sa patrie. Aussi Henri de Lorraine, évêque de Metz, le voulut-il pour coadjuteur. Ayant cru devoir, ensuite, le prier de renoncer à cet espoir en faveur de Jean, fils de René, roi de Sicile et duc de Lorraine, il s'empressa de lui offrir, en compensation, l'abbaye de Saint-Mansuy, sise au faubourg de Toul (1).

Le clergé de son diocèse natal enviera également l'honneur de l'avoir pour premier pasteur. Il est nommé, en 1503, à l'évêché de Saintes, par le Chapitre, suivant l'usage du temps. Il succède à Pierre VII de Rochechouart sur ce siège, qu'avaient illustré plus de soixante pontifes dont le premier, saint Eutrope, martyr, compte parmi ses successeurs les saints Vivien, Ambroise, Concorde, Trojan, Palais, Disant, Léonce, Mathan.

Péraud, dont les talents étaient utiles au Saint-

(1) Selon Da Lorenzo Cardella, Péraud a été administrateur de Toul.

Siège alors exposé à mille embarras, se vit contraint par l'obéissance à vivre loin de son cher troupeau. On ne doute point que, plein de zèle pour le salut des âmes, il n'ait tenu à instruire, au moins par lettres, ses nombreux diocésains (1). Rien n'est resté de cette œuvre pastorale.

Dans la suite (1505), nommé légat pour le patrimoine de Saint-Pierre à la résidence de Viterbe, il eut, après tant de travaux et de voyages, le bonheur de vivre près des reliques de sainte Rose et d'y mener cette « *vie paisible et retirée où la sagesse nourrit le cœur et où les espérances qu'on tire de la vertu pour une meilleure vie, après la mort, consolent les chagrins de la vieillesse* (2). »

Dans le calme de sa nouvelle position, et tout en remplissant les devoirs qu'elle lui imposait, Péraud put se livrer à ses études chéries. Par ses œuvres, composées à différentes époques, il s'était attiré l'attention du monde savant. On cite de lui un admirable traité dans lequel il prouve que la dignité sacerdotale est infiniment supérieure à celle des rois; puis des mémoires concernant ses négociations en Danemark et à Lubeck ; quelques lettres écrites au docte Reuchlin (lettres inédites);

(1) Le diocèse de Saintes se composait de plus de sept cents paroisses.
(2) Fénelon. 4

des harangues composées pour exciter le zèle des chrétiens contre les infidèles d'Orient et leurs pernicieuses doctrines; enfin, rapporte le continuateur de Fleury, deux excellentes lettres qu'il écrivit, en Allemagne, étant atteint de la goutte et forcé de garder la chambre par la violence du mal.

Dans l'intérêt de la science ecclésiastique, il est à souhaiter qu'on puisse recueillir les œuvres de notre docteur. Peut-être en trouverait-on une partie à la bibliothèque du Vatican (1).

Le cœur affermi en Dieu, et sentant sa fin approcher, Péraud choisit le lieu de sa sépulture. Il voulut que son corps reposât dans l'église de la Sainte-Trinité, à cause de la dévotion spéciale qu'il avait pour la sainte Vierge, très honorée sous le titre de Libératrice en cette même église, desservie par les Ermites de Saint-Augustin, et à laquelle il légua ce qu'il possédait, comme vases sacrés, habits sacerdotaux et autres choses en usage dans les cérémonies saintes (2).

Péraud habitait Viterbe depuis deux mois seulement, quand la mort vint l'enlever à ses amis et à l'affection toute particulière du célèbre Jules II.

(1) Il était facile à Péraud de publier ses écrits, car, à la fin du XVe siècle, l'imprimerie était, depuis longtemps, établie à Rome et à Paris.

(2) Nous tenons ces détails du prieur des susdits religieux (1870).

C'est le 5 septembre 1505 qu'il s'endormit dans la paix du Seigneur (1).

On lui éleva un tombeau dans l'église de la Sainte-Trinité (2). Une statue en marbre blanc le représente étendu ; il est revêtu de l'aube, de la chasuble, du pallium. La tête, avec mitre, est appuyée sur deux coussins superposés. Il a les mains en croix sur la poitrine et l'anneau pastoral au doigt. Cette statue et le lit en marbre blanc qui la porte, sont l'œuvre d'un habile sculpteur. Le tout repose sur un piédestal en pierre, de chaque côté duquel se voit une sorte de piédestal également en pierre, mais bas et sans statue. Sur le devant de ces deux piédestaux sont gravées des armes qu'on suppose avoir été, en dernier lieu, celles de Péraud (3). L'église a été reconstruite ;

(1) Cette année-là, 4 février, le ciel avait reçu l'âme de sainte Jeanne de Valois (fille de Louis XI), dont Péraud préconisa les héroïques vertus, encouragées par François de Paule. Le corps de Jeanne, comme celui du saint homme, se conserva intact jusqu'en 1562, époque où, lui aussi, il fut brûlé par les protestants, qui n'épargnèrent pas même le corps de saint Martin, vénéré de la France et de l'Univers entiers.

(2) Une image de ce tombeau, qu'on voit dans l'*Epigraphie santone et aunisienne*, laisse à désirer.

(3) Elles représentent trois monticules, chacun surmonté d'une croix. L'un de ces monticules, au milieu des deux autres, est plus élevé. Dans Frizon (*Gallia purpurata*), les armes de Péraud sont : « *De gueules à un soleil d'or accompagné de 3 poires de même, 2 et 1 ; au chef d'or chargé d'une aigle éployée de sable.* » Armes

le monument, depuis, se trouve à l'extrémité du cloître, dans un passage.

L'épitaphe de Péraud est fort honorable :

D . O . M .
RAYMVNDVS . PERVALDVS . PATRIAE . SVAE . XANTONEN .
EPVS . AC . S . R . E . PRESBYTER . CARD . GURGEN . PROQVE . EA . PERPETVO.
LEGATVS . ADEO . OPVLENTIAE . CONTEMPTOR . VT . ELAR
GIENDO . NIHIL . SIBI . RELINQVERET . AB . IVLIO . TN . II . PONT . MAX .
DITATVS . DVM . PATRIMONII . LEGATIONE . FVNGITVR .
VITERBII . OBIIT . NONIS . SEPTEMBRIS . ANNO . SALV . M . D . V .
VTQVE . AB . IVLIO . TRADITA . SOLVM . RETINERE . OCCE
PERAT . SIC . MONIMENTVM . HOC . HAVD . QVAESITVM .
REVERENTIA . EIVSDEM . ADPROBARE . CREDENDVM . EST .
VIX . AN . LXX . FERE . LXX .

En voici la traduction presque littérale :

A DIEU TRÈS BON, TRÈS GRAND.

Raymond Péraud, évêque du diocèse de Saintes, où il est né, et cardinal-prêtre de la sainte Église romaine, dit cardinal de Gurck, légat perpétuel du Saint-Siège, eut tant de mépris pour les richesses et fut si généreux, qu'il ne se laissa rien des biens qu'il avait reçus du souverain pontife

parlantes : dans son prénom *Raymundus*, il a trouvé les mots : *radius mundi*, soleil ; dans son nom *Peraudus*, le mot *pira*, poire. L'aigle serait là comme un souvenir d'Allemagne.

Onuphre, Pauvinio et Chevillard indiquent d'autres armes.

Jules II. Pendant qu'il était légat pour le patrimoine de saint Pierre, à Viterbe, il mourut aux nones de septembre, l'an du salut mil cinq cent cinq. Et, de même qu'il n'avait commencé à garder que les seuls dons d'amitié de Jules II, de même il est à croire que, par déférence pour lui, il eût approuvé l'érection de ce monument, qu'il n'avait point désiré (1). Il vécut soixante-dix ans ou à peu près.

Cet homme généreux songeait aux autres plus qu'à lui-même. Écoutons encore Da Lorenzo Cardella :

E dodici cardinalato celebre per l'inesplicabile ed immensa sua liberalità, per cui donava largamente quanto avera, e per diverse opere, che scrisse. Con un'ono revole epitassio. « Ce fut un cardinal célèbre par son inexplicable, son immense libéralité... et par divers écrits... »

Trithème (2), qui le connut intimement, le regarde comme « un prélat d'une vie sainte, d'une grande pureté de mœurs, d'un grand zèle pour la justice, d'une véritable indifférence pour les

(1) Ce tombeau a, évidemment, été construit par ordre de Jules II. Marcencennes a trop oublié Péraud. (V. Appendice H.)

(2) Le savant Trithème publia sur sainte Anne un travail dans lequel il se prononça pour l'Immaculée Conception de Marie.

honneurs, et comme l'homme le plus accompli de son temps. »

Enfin, on sait la singulière estime que conçurent de lui Louis XI, Charles VIII, Louis XII, l'empereur Maximilien, les papes Paul II, Sixte IV, Innocent VIII, Alexandre VI, Jules II.

Oui, Raymond Péraud, voué à tout bien, ne cessa, durant sa longue carrière, d'exciter la respectueuse admiration de ceux qui eurent des rapports avec lui; c'est prouvé.

ÉPILOGUE

Le lecteur, en parcourant ces pages, a vu Péraud s'élever des derniers rangs de la société au faîte des grandeurs ; briller parmi des illustrations de tous genres ; servir des princes qui utilisaient ses talents pendant que lui s'efforçait de profiter des exemples des saints et des gens vertueux avec lesquels il se trouvait en relations. Le lecteur a remarqué que les embarras de la vie publique ne lui ont jamais fait oublier ses devoirs envers Dieu, envers l'Église et sa chère patrie.

Les œuvres de son cœur furent bénies de ses contemporains. Il est à espérer que celles de son esprit, honorées de leurs suffrages, seront retrouvées et seront, comme autrefois, utiles à bien des âmes.

APPENDICE

—

A

Marencennes, Saint-Germain, Saint-Nicolas.

Marencennes, l'un des plus anciens villages de l'Aunis, est situé sur les bords de la Gère, ruisseau qui prend sa source aux environs de Surgères. Dans une charte d'Hugues Capet (987-997), il parait désigné par les mots : *Maurentianus, in pago aliense*, « Marencennes, au pays d'Aunis ». (Cart. Saint-Jean-d'Angély.) Dans une autre charte (987-996), il est question de Saint-Germain ; on lit : *in pago alniense*, « au pays d'Aunis » ; *in marisco Girus*, « dans le marais de la Gère » ; *in terra Sancti Germani*, « en la terre de Saint-Germain ». Dans des titres très-anciens, on trouve : *Marencenas;* ailleurs, en langue vulgaire : Marensenes ; au XVIe siècle : Saint-Germain-de-Marempsaines (1).

Marencennes, partagé en deux par la Gère, se

(1) On a supposé, dans le pays, que le nom de Marencennes venait de *mare antiquum*, « mer ancienne ». Des savants l'ont contesté. Nous nous contenterons d'ajouter que, d'après une charte du XIIIe siècle, il y eut, en deçà de la Charente, un golfe immense s'étendant jusqu'aux endroits appelés Salles, Saint-Vivien, Thairé, Ballon, Ciré, Ardillières, Marencennes, etc.

trouvait partie en Saint-Pierre-de-Surgères et partie en Saint-Germain. Pour le spirituel, Saint-Germain dépendait de Saint-Pierre, qui possédait une église collégiale et séculière.

L'église de Saint-Germain datait, au moins, du XIe siècle. Le pouillé de 1402, cité plus haut, montre qu'elle se trouvait, alors, annexée à Saint-Pierre de Surgères (1). Le 20 août 1515, le chapitre de Saint-Pierre décidait que le service en serait confié à un vicaire ou même à un chanoine (2). L'évêque confirma la décision capitulaire. Cette église souffrit des fureurs de quatre-vingt-treize.

A la même époque, fut à peu près détruite une autre église qui était à l'est de Marencennes, sur le territoire de Saint-Pierre de Surgères. D'abord sous le vocable de saint Eutrope, elle eut, plus tard, saint Nicolas pour patron. Elle relevait de l'abbaye royale de Saint-Jean-d'Angély.

Le côté est de Marencennes ayant été réuni à Saint-Germain (6 août 1850), ladite commune, déjà composée de 600 habitants, se trouva en avoir 12 à 1300. Ainsi agrandie et érigée en succursale (5 février 1859), elle se vit enrichie d'une belle église, qui fut bénite (10 mars 1863) par Mgr Landriot, évêque de La Rochelle et Saintes.

(1) *Sancti Germani, prope Surgerias, quæ est annexa Sancti Petri Surgeriarum.*

(2) Les anciens registres de l'église de Saint-Germain vont de 1670 à 1793. On y voit que plusieurs prêtres (chanoines, curés, vicaires) l'ont desservie. Nous ne nommerons que l'un d'eux : messire Grandin, curé (1683). Il mourut en 1731, âgé de quatre-vingt-cinq ans. C'est sous son pastorat que la cloche fut bénite (26 juillet 1711) par messire de la Borde, prieur-curé, archiprêtre de Surgères ; parrain de la cloche : Jacques de la Perrière ; marraine : A.-Hélène de Baussay.

Nul n'ignore, dans le pays, que cette église, le presbytère et le couvent eurent pour fondatrice Mélanie Vinet, dont le nom est acquis à l'histoire du diocèse.

B

Aunis (1).

A la conquête des Gaules par les Romains (49 ans avant Jésus-Christ), quand César divisa ce pays en trois parties: l'Aquitaine, la Celtique et la Belgique, l'Aunis, enclave de la Saintonge, fut, comme elle, comprise dans la province Aquitanique.

A l'expiration de la puissance romaine, la Saintonge et l'Aunis, liés au sort de cette province, eurent pour maîtres, tour à tour, les Visigoths, les Francs, les ducs d'Aquitaine de la première race, les Francs (une seconde fois), les ducs d'Aquitaine de la seconde race, et enfin les Anglais jusqu'à leur expulsion.

Sous les Francs, comme sous les Romains, chaque cité devint le siège d'un évêque et le siège d'un magistrat qui s'appela comte. Il y eut des officiers subalternes.

(1) Ce nom vient d'*Alnisium*, *Aunisium*, région ou terre des Alains. Ces Alains, barbares de la Sarmatie, firent irruption dans les Gaules (407-410) avec les Vandales, les Suèves, etc. Ils s'établirent, en certain nombre, dans ce coin de terre généralement inculte où l'on ne voyait que marais, îlots, bois.

Au moyen âge, l'Aunis est désigné par les mots: *magnum feudum* (*de Alnisio*); en français: « Le grand fey (le grand fief). »

Les judicatures des districts de l'Aunis dépendirent tantôt de la sénéchaussée de Saintonge, tantôt de celle du Poitou, suivant les besoins des peuples, à la volonté des ducs d'Aquitaine, comtes de Poitou. L'Aunis cessa de ressortir à la sénéchaussée de Saintonge par suite du démembrement de cette province (1372). Il dépendit, alors, du siège royal de La Rochelle (1). Cent ans après, La Rochelle était annexée à la Couronne.

C

Famille de la Perrière, a Marencennes.

Vers la fin du XVIIe siècle, Jean-Baptiste de la Perrière, écuyer, originaire du Nivernais, vint épouser Suzanne de Ferrières, dame de Roiffé, fille de noble Samuel de Ferrières (2) et de Suzanne de Scopman.

Un de ses petits-fils, Jacques de la Perrière, bachelier en théologie de la Faculté de Paris, mérita une place distinguée parmi les savants de l'époque. En 1793, les descendants de cette famille émigrèrent. L'un d'eux fut Marie-Henri-Joseph de la Perrière.

Un mot sur Jacques et Joseph : Jacques, troisième fils de Jacques-Charles-François (3) et de

(1) La Rochelle, d'abord simple bourg, vit sa population s'accroître au commencement du XIIe siècle, époque de la ruine de Châtelaillon, métropole de l'Aunis du IXe au XIe siècle.

(2) Chevalier, seigneur de Roiffé, Étourneau, Petit-Bois, etc.

(3) Écuyer, seigneur de Roiffé. Il habitait avec sa famille le côté est de Marencennes.

Marguerite-Elisabeth de Castello, fit ses études à Saint-Jean-d'Angély et à Pontlevoy. Il cultiva les hautes sciences. Sa vie et sa fortune furent consacrées à l'étude de la physique et de l'astronomie. Jacques combattit les systèmes de Descartes et de Newton. Dans un ouvrage de la bibliothèque Mazarine (Institut), on peut lire un plaidoyer (1768) pour M. de la Perrière, bachelier, seigneur de Roiffé, plaignant et demandeur, contre MM. Lemonnier et de Lalande, « académiciens, accusés, défendeurs et défaillants ». M. de la Perrière les accuse de s'être approprié furtivement et à la sourdine son idée des réfractions écliptiques.

Ses ouvrages sont : *Mécanisme de l'électricité et de l'Univers* (1) ; *Extrait du nouveau système ; Nouvelle physique céleste et terrestre, à l'usage de tout le monde ;* enfin, *Arrêt burlesque*. En tête de la *Nouvelle physique*, etc., on voit le portrait de l'auteur et les vers suivants :

De Descartes et de Newton
Osant attaquer les systèmes,
De la nature il prit le ton,
En découvrit les lois suprêmes,
Et de leur lumineux flambeau
Eclaire un système nouveau.

M. de la Perrière rend compte du mécanisme de l'Univers par le secret de l'impulsion. Le mécanisme et l'impulsion sont les seuls fondements de son système.

La Société royale des sciences et arts de Metz l'admit dans son sein. Il mourut à Paris, en 1776, âgé de cinquante ans.

Joseph de la Perrière, naquit à Marencennes, le 17 décembre 1760, de Henri-Charles et de

(1) On trouve cet ouvrage à Metz.

Marie-Renée Charpentier de Laurière. Il fut baptisé le même jour et eut pour parrain et marraine les époux Joseph de Rémond (1) et Julie de Gabarret.

Joseph servit sous les ordres du comte de Frotté dans les guerres de la Vendée. Il mourut à Saint-Jean-d'Angély, le 22 avril 1853.

Les armes de cette maison étaient : *D'argent à la fasce de sable, abaissée sous trois têtes de léopards de même, lampassées et couronnées d'or.*

D

Aumonerie de Saint-Gilles de Surgères.

Cette maison « aulmosnière », destinée à secourir les pauvres et les infirmes, avait été fondée en 1105, par Guillaume le Vieux, comte de Poitou, duc d'Aquitaine, sous l'épiscopat de Ramnulfe, évêque de Saintes.

Elle se vit enrichie par Éléonore de Guienne, reine de France (2), et par son fils Richard, surnommé Cœur-de-Lion.

Elle était, depuis longtemps, dirigée par un prieur, lorsqu'on en confia le soin aux Minimes, religieux de Saint-François-de-Paule. Le supérieur prit le titre de correcteur, conformément à l'usage des Minimes.

Le protestantisme causa de grands préjudices à ce pieux asile ; quatre-vingt-treize acheva sa ruine.

(1) Seigneur de la Pavère, en Saint-Germain.

(2) Fille de Guillaume X, duc d'Aquitaine. Elle épousa Louis VII, dit le Jeune, puis Henri Plantagenet, comte d'Anjou, qui devint roi d'Angleterre. Richard naquit de ce mariage.

E

« Ce projet est écrit en latin sur une feuille de papier petit in-folio, en lettres courantes ; les lignes en sont extrêmement serrées; des mots sont raturés, d'autres corrigés, quelques-uns ajoutés entre les lignes ou à la marge, sans qu'aucun de ces changements dans la rédaction soit approuvé par les contractants. On y lit cette clause résolutoire : « Au cas que le roi n'accepte pas, et qu'il déclare, avant la Toussaint, qu'il n'entend pas accepter cette cession, toutes choses ci-dessus seront nulles et de nul effet. » L'acte finit par les mots: *Renunciantes, etc., et jurantes præfatus Raymundus in conscientia animæ suæ, ponens manus ad pectus suum, et præfatus Illust. Dominus Dispotus, tactis Scripturis, etc. Rogaveruntq. nos notarios, etc.*

» Cette feuille faisait partie, et a été détachée du registre de Camille Bene in Bene, notaire à Rome, de 1467 à 1505, ce qui est attesté par l'archiviste du Capitole ; lequel, avec l'autorisation du Pape, en fit la remise au duc de Saint-Aignan, ambassadeur de Louis XV à Rome, qui la déposa aux manuscrits de la bibliothèque royale. » (Voir de Cherrier.)

F

Monastère de la Trinité-des-Monts.

Dans la sacristie de la Trinité, nous avons vu une inscription datée de 1618 et rappelant que le monastère a été fondé pour des religieux français « seulement ». Les Minimes cessèrent d'occuper ce couvent en 1816.

Le gouvernement de la Restauration le céda aux dames du Sacré-Cœur. Depuis un certain nombre d'années, la sainte Vierge y est très-honorée sous le nom de « Mère admirable ».

G

SAINTE ROSE.

Rose, dans un âge encore tendre, étonna par sa sainteté et son courage. A seize ans, elle se déclara l'adversaire de l'empereur d'Allemagne Frédéric II, « pupille ingrat de l'Eglise. » Elle mourut en 1252. Son corps s'est conservé. Charles VIII, qui vit ce prodige, en fut si frappé qu'il appela Viterbe : « la ville de Rose. » Monseigneur Morlot, de pieuse mémoire, et plusieurs ecclésiastiques ont reconnu son état parfait de conservation (1857, 1862). Il nous a été donné de vénérer ce saint corps, le 2 février 1870.

H

En 1861, Mgr Landriot étant venu confirmer à Vandré, se rendit à Marencennes pour voir les travaux commencés de la nouvelle église.

On parla du cardinal Péraud et aussi de lui élever une statue. M. Martineau, vicaire général, prêtre d'un esprit supérieur, qui était présent, goûta fort cette idée. Qu'elle se réalise et qu'il soit dit que la vertu et les talents trouvent encore de nos jours des admirateurs intelligents et dévoués !

www.ingramcontent.com/pod-product-compliance
Ingram Content Group UK Ltd.
Pitfield, Milton Keynes, MK11 3LW, UK
UKHW022130260726
13993UKWH00003B/1345

9 782329 438023